Inhalt

Ein Schnitzel wie gedruckt - 3-D-Printer läuten die dritte industrielle Revolution ein

Kernthesen

Beitrag

Fallbeispiele

Weiterführende Literatur

Impressum

Ein Schnitzel wie gedruckt - 3-D-Printer läuten die dritte industrielle Revolution ein

Harald Reil

Kernthesen

- Eine US-Firma will mithilfe eines 3-D-Druckers Synthetikfleisch herstellen. Ein Prototyp hat aus Lebendzellen bereits ein verzehrfertiges Schweinekotelett gedruckt.
- Gängigere 3-D-Printer fertigen auf der Grundlage von digitalen Daten aus flüssigen oder pulverförmigen Werkstoffen Schicht für Schicht dreidimensionale Objekte.

- 3-D-Drucker werden bereits erfolgreich in der Luftfahrt- und Automobilbranche, der Gesundheitsindustrie, der Schuh- oder der Möbelbranche eingesetzt.
- Einige Industrien fürchten um ihr geistiges Eigentum. Ihr Argument: Kursieren Baupläne frei im Internet, gibt es für die Reproduktionswut von Hinz und Kunz kein Halten mehr.

Beitrag

Schnitzel aus dem Drucker

Es klingt wie eine Geschichte des berühmten Science-Fiction-Autors Isaac Asimov. Der Mensch der Zukunft wird sich sein Schnitzel ganz einfach ausdrucken lassen. Möglich machen das 3-D-Printer. Sie schaffen dabei auch noch en passant den Hunger der Welt ab und beruhigen außerdem die Gewissen übersensibler Vegetarier, die sich während ihrer Grünkernphase sehnsüchtig nach einem Stück Fleisch verzehren und der Versuchung ganz einfach nicht widerstehen können. Wer das Ganze in Bausch und Bogen als Humbug verdammt, sollte seine Skepsis zumindest etwas moderater formulieren. Denn die in Missouri ansässige Firma Modern

Meadow hat tatsächlich einen 3-D-Printer hergestellt, mit dem sich Fleisch aus Lebendzellen generieren lässt. Zum Beweis seiner Praxistauglichkeit haben Mitarbeiter der Firma angeblich bereits ein Schweinekotelett ausgedruckt, zubereitet und gegessen. Folgeschäden sind nicht bekannt. (1), (2), (12)

Informationstechnologie steht vor neuer Ära

Glaubt man den Zukunftsforschern, dann steht die Informationstechnologie vor einer neuen Ära, auch wenn Kritiker die Massenproduktion von Synthetikfleisch nach wie vor für einen PR-Gag halten. Denn in anderen Branchen sind 3-D-Printer tatsächlich bereits gewaltig auf dem Vormarsch. Die Gründe dafür sind ein rapider Preisverfall bei den Druckern und eine immer bessere Qualität der Printprodukte. Mit der Hilfe von 3-D-Druckern lassen sich beispielsweise schon jetzt problemlos Schuhe, Designer-Möbel, Prothesen und Implantate herstellen. Die Printer werden aber auch schon erfolgreich im Flugzeug- oder Autobau eingesetzt. Grundlage der dreidimensionalen Erzeugnisse sind digitale Informationen, mit denen die Printer gefüttert werden. Auf der Basis von meist flüssigen oder pulvrigen Werkstoffen baut der Drucker dann

Schicht für Schicht das 3-D-Objekt auf. Auch Drucker, die mit Metallen arbeiten, gibt es bereits. Angesichts dieser Meldungen sind die Anwendungsgebiete, so scheint es, nahezu unbegrenzt. (2), (12)

Kritiker warnen vor Copyright-Verletzungen

So faszinierend 3-D-Drucker sind und so viele Befürworter sie haben mögen, es gibt auch kritische Stimmen, die auf potenzielle Gefahren hinweisen. Wenn, wie absehbar, die Kosten für die Printer noch weiter in den Keller rasseln, und die Technik noch ausgereifter wird, werden sich schon bald immer mehr Privathaushalte die Hochleistungsdrucker anschaffen. Die Horrorvision einiger Industriezweige: Da die Printer praktisch alle nur möglichen Objekte reproduzieren können, wenn sie ihre Eigentümer nur mit den entsprechenden digitalen Daten versorgen, wird es zu Produktpiraterien in bisher nicht bekanntem Ausmaß kommen. Es genüge, dass Baupläne ins Internet gestellt würden und schon sei der ungehemmten Kopierwut von Hinz und Kunz die Tür geöffnet. Ganz abgesehen davon, dass es für Unternehmen gar nicht so leicht sein dürfte, Urheber- oder Patentrechtsverletzungen geltend zu machen, ist diese Sorge auch noch aus einem weiterem Grund berechtigt: Es wird sich nie ganz verhindern lassen, dass Produktblaupausen frei im Netz kursieren. (2), (3), (4), (9)

Defense Distributed arbeitet an druckbaren Waffen

Über eine Gefahr ganz anderer Art scheiden sich aktuell in den USA die Geister. Was passiert, wenn sich praktisch jeder nach Belieben eine Waffe mithilfe eines 3-D-Druckers fertigen kann, und zwar aus Materialien, die kein Metalldetektor erkennt? Noch ist es zwar nicht so weit, es gibt aber bereits Tüftler, die an der Lösung dieses Problems arbeiten. Sie haben sich zu einer Gruppe zusammengeschlossen, die sich auf den Namen Defense Distributed getauft hat. Unter dem Schlagwort Wiki Weapon arbeiten ihre Anhänger an Bauplänen für druckbare Waffen. Der Beweggrund der Gruppe ist für Deutsche kaum nachvollziehbar; in den USA, in denen einflussreiche Lobbyisten aber noch immer von einer Wild-West-Mentalität besessen zu sein scheinen, klingt das Argument keineswegs so absurd wie für hiesige Ohren: Druckbare Waffen stärken die Fähigkeit der Amerikaner zur Selbstverteidigung. (10)

Trends

Experten sagen 3-D-Druckern glänzende Zukunft voraus

Die Consumer Electronics Association (CEA), eine im US-amerikanischen Bundesstaat Virginia ansässige Handelsorganisation, schätzt, dass sich die Erlöse aus dem Verkauf von 3D-Printern im Jahr 2017 der 5-Milliarden-Dollar-Grenze nähern werden, wenn sich die Nachfrage aus Branchen wie zum Beispiel der Luft-, Automobil- und Gesundheitsindustrie rapide erhöhen wird. Zum Vergleich: Im Jahr 2011 waren es nur 1,7 Milliarden US-Dollar. Auch die renommierte Business-Website "Business Insider" sagt den 3-D-Printern eine glänzende Zukunft voraus. Sie spricht von "The Next Trillion Dollar Industry". (5), (6)

Fallbeispiele

Thingiverse: Riesiges Angebot an 3-D-Objekten

Die Internetsite Thingiverse bietet Interessenten

mehrere zehntausend Dateien für 3-D-Objekte an. Verantwortlich für den Auftritt ist die in New York ansässige Firme MakerBot, die außerdem 3-D-Printer vertreibt. User können sich die Baupläne herunterladen, ihre Drucker mit den Daten füttern und sich die Objekte drucken lassen. Wer noch keinen 3-D-Printer besitzt, schickt die Dateien an Firmen, die sich auf den Druck von 3-D-Objekten spezialisiert haben. Dazu gehört zum Beispiel Shapeways, die wie MakerBot in New York sitzt, darüber hinaus aber auch noch eine Niederlassung in Eindhoven betreibt. Die Firma druckt die Kundenaufträge in beliebiger Stückzahl aus. (4)

Wiedergeburt eines Pharaos

Wie vielseitig 3-D-Drucker sind, zeigt auch das Beispiel des Ägyptischen Museums in Berlin. Es hat die noch nicht restaurierte Büste des im 14. Jahrhundert vor Christus verstorbenen Pharaos Echnaton mithilfe eines 3-D-Druckers reproduzieren lassen. Verantwortlich für diese Arbeit waren Mathematiker der TU Berlin. Allein der Scan nahm zwei Tage in Anspruch. Danach lagen einige Millionen Messpunkte vor, auf deren Grundlage der Drucker den Pharaokopf aus Spezialgips duplizierte. Die Büste wird ab dem 7. Dezember 2012 anlässlich der Ausstellung "Im Licht von Amarna" der

Öffentlichkeit präsentiert. Geöffnet ist die Schau bis zum 13. April nächsten Jahres. (7)

Objet30 Pro druckt in sieben unterschiedlichen Materialien

Objet, ein Unternehmen, das sich auf die Entwicklung und Produktion von 3-D-Druckern spezialisiert hat, hat vor kurzem seine Produktpalette erweitert. Der Objet30 Pro ist in der Lage, in sieben unterschiedlichen Materialien zu drucken. Besonders attraktiv dürfte das Gerät für viele Kunden auch wegen seiner geringen Größe sein. Es hat bequem auf einem Schreibtisch Platz. Objet unterhält Büros in Nord-Amerika, Europa, Japan, China und Indien. Die Kunden des Unternehmens stammen aus den unterschiedlichsten Branchen - zum Beispiel aus dem Gesundheitswesen, aus der Automobil-, Konsumgüter- und Verteidigungsindustrie sowie der Sport- und Spielwarenbranche. (8)

MakerBot bietet Replicator 2 für 2 200 US-Dollar an

Die New Yorker Firma MakerBot hat mit ihrem Replicator 2 einen 3-D-Drucker auf den Markt gebracht, der auch für Privathaushalte einigermaßen erschwinglich ist. Das 2 200 US-Dollar teure Gerät kann Objekte bis zu einer Größe von 284x155x152 Millimeter drucken. Druckmaterial ist ein Spezialkunststoff, der geschmolzen wird und dann Schicht für Schicht das gewünschte Objekt aufbaut. (11)

Weiterführende Literatur

(1) "Bioprinting": Fleisch aus lebenden Zellen
aus "medianet" Nr. 1588/2012 vom 23.10.2012 Seite: 32

(2) Lecker Fleisch aus dem 3-D-Drucker
aus Börsen-Zeitung, 01.09.2012, Nummer 169, Seite 19

(3) 3D-Druck lehrt Industrie das Fürchten
aus Pressetext vom 17.09.2012, 15.43 Uhr

(4) Im Internet ist jeder ein Fabrikant
aus Handelsblatt online vom 10.09.2012

(5) 3D Printer Market Rising To Near $5 Billion By 2017. WEB ONLY
aus Investor's Business Daily (0OQE) (2012) page NA

(6) The Next Trillion Dollar Industry
aus Investor's Business Daily (0OQE) (2012) page NA

(7) Die Auferstehung des Echnaton // Mathematiker fertigen eine präzise dreidimensionale Kopie vom

Ehemann der Nofretete. Das Double ist ab Dezember in Berlin zu sehen und soll den Besuchern die traurige Geschichte des Kunstwerks nahebringen
aus Der Tagesspiegel Nr. 21506 VOM 07.11.2012 SEITE B03

(8) Desktop-3D-Drucker druckt in sieben verschiedenen Materialien
aus MM Nr. 041 vom 08.10.2012

(9) Mach's dir selbst!
aus "Format" Nr. 45/2012 vom 09.11.2012 Seite: 44,45,46

(10) Eine ganz neue Dimension
aus Beobachter Nr. 22 vom 26.10.2012, Seiten 36 - 37

(11) Rapid Prototyping
aus c't - Magazin für Computertechnik, 23/2012, S. 38

(12) Koteletts zum Ausdrucken // 3-D-Drucker sollen bald Lebensmittel herstellen / Ob sie die Weltwirtschaft umkrempeln, ist umstritten
aus Der Tagesspiegel Nr. 21496 VOM 28.10.2012 SEITE 023

Impressum

Ein Schnitzel wie gedruckt - 3-D-Printer läuten die dritte industrielle Revolution ein

Bibliografische Information der deutschen Nationalbibliothek

Die Deutsche Nationalbibliothek verzeichnet diese Publikation in der deutschen Nationalbibliografie; detaillierte bibliografische Daten sind im Internet über http://dnb.d-nb.de abrufbar.

ISBN: 978-3-7379-0394-3

© 2015 GBI-Genios Deutsche Wirtschaftsdatenbank GmbH, Freischützstraße 96, 81927 München, www.genios.de

Alle Rechte vorbehalten. Dieses Werk ist einschließlich aller seiner Teile – z.B. Texte, Tabellen und Grafiken - urheberrechtlich geschützt. Jede Verwertung außerhalb der Grenzen des Urheberrechtsgesetzes bedarf der vorherigen Zustimmung des Verlags. Dies gilt insbesondere auch für auszugsweise Nachdrucke, fotomechanische

Vervielfältigungen (Fotokopie/Mikroskopie), Übersetzungen, Auswertungen durch Datenbanken oder ähnliche Einrichtungen und die Einspeicherung und Verarbeitung in elektronischen Systemen.